AF240405

NOTICE

SUR

AHMED, BEY DE SOLYMAN,

RÉFUGIÉ EN FRANCE.

Aₕₘₑ𝐝, Bey de Solyman, est aussi un exemple frappant des malheurs dont quelquefois sont atteints les hommes qui, par leur élévation, semblaient pouvoir défier les coups de la fortune. Riche, puissant, souverain dans sa patrie, il se trouve aujourd'hui, par un concours de circonstances extraordinaires, et telles que plusieurs siècles n'en verront peut-être pas éclore de semblables; il se trouve transporté dans un pays lointain, sans autres ressources que la générosité du Monarque dans les états duquel il s'est réfugié. Il serait trop long de rapporter ici tous les maux qu'il a soufferts, tous les dangers qu'il a courus, toutes les perfidies, toutes les trahisons dont il a failli être la victime, et auxquelles il n'a échappé que par une sorte de prodige; il suffira de retracer, avec le plus de rapidité possible, les prin-

cipaux événements qui l'ont forcé de chercher un asyle en France.

L'Égypte jouissait d'une paix profonde et de tout le bonheur qui en est inséparable, sous le gouvernement de ses Beys, lorsqu'une armée formidable de Français, conduite par Buonaparte, vint tout à coup, et sans avoir été précédée d'aucune déclaration de guerre, fondre sur cet antique berceau de toutes les connaissances humaines. Ahmed était alors Kachif, ou gouverneur pour Solyman-Bey-le-Grand, de la province des deux Élouats, dans la Haute-Égypte.

Les Mamelucks opposèrent la plus vigoureuse résistance. Ils défendaient leur pays, leurs propriétés, leurs familles ; ils étaient braves, mais ceux qui les attaquaient étaient des guerriers les plus vaillants du monde, c'étaient des Français. Après plusieurs combats, dans lesquels l'avantage fut presque toujours du côté de leurs ennemis, les Beys furent contraints de leur abandonner toute la Basse-Égypte, et d'accepter enfin les conditions de paix qui leur furent offertes par le général Kléber, après la défaite du Grand-Visir. Ces conditions furent, que toutes hostilités cesseraient entre les Français et les Beys qui étaient avec Mourad-Bey, et que ceux-ci resteraient maîtres de la Haute-Égypte.

Ce pays est peu fertile. Ahmed ne tarda pas à s'apercevoir que la portion échue en partage à Solyman-Bey ne pouvait suffire à la subsistance de ses troupes ; époque où Solyman était dangereusement blessé. Il déclara qu'il n'adhérait pas au traité de paix, et chargea les Beys de dénoncer sa résolution au général français. Avec le petit nombre de Mame-

lucks qui lui restaient, et quelques centaines d'Arabes bé-
douins qu'il parvint à réunir à sa faible troupe, il continua
la guerre, et ne cessa de harceler les Français, jusqu'à leur
capitulation avec les Turcs, commandés par le même Visir
Jusuf-Pacha, de nation géorgienne, auquel les Beys de la
Haute-Égypte venaient de se réunir, à l'instigation des Anglais, et sous la condition expresse que le gouvernement de
l'Égypte serait, après le départ des Français, rétabli sur le
même pied et tel qu'il était avant leur invasion. Dans ce
temps, Mourad-Bey et Solyman-Bey étant morts de la peste,
Ahmed fut chargé de remplir les fonctions de Bey par inté-
rim, jusqu'au remplacement de Solyman.

Conformément aux arrangements faits avec les Turcs,
une partie des Beys resta au Caire auprès du Grand-Visir
qui y commandait (Ahmed était de ce nombre), et l'autre
partie fut joindre le Capitan-Pacha ou Hussen-Pacha, le
gendre du Grand-Seigneur, Sélim, le dernier, qui assiégeait
Alexandrie. Cette séparation des Beys rendait plus facile
l'exécution du complot que les Turcs avaient formé de les
faire tous périr, afin de rester maîtres de l'Égypte. Le
Capitan - Pacha attira sur son vaisseau ceux qui s'é-
taient réunis à lui, et les fit massacrer, et le même jour,
les Beys restés au Caire furent arrêtés par ordre du Grand-
Visir. En apprenant le lâche assassinat commis sur la per-
sonne de leurs chefs, les Mamelucks qui se trouvaient de-
vant Alexandrie levèrent leur camp, et se réfugièrent dans
celui des Anglais. Indignés de cette horrible perfidie, les
Anglais exigèrent à la vérité que les Beys arrêtés au Caire

fussent mis en liberté ; mais ils bornèrent là leurs bons of-
fices, quoiqu'ils se fussent solennellement rendus garants
des conventions passées entre les Beys et les Turcs.

Rassemblés aux Pyramides, les Beys offrirent d'oublier
l'infâme trahison qui avait coûté la vie à cinq d'entr'eux, et
de renoncer à toute prétention sur la Basse-Égypte, pourvu
qu'ils restassent maîtres de la Haute ; comme par la capitulation des Français. Les Turcs, commandés par Mahamed-
Pacha, de nation circassienne, qui était alors nommé gouverneur d'Égypte, répondirent qu'ils ne leur accorderaient
pas un pouce de terrain en Égypte ; et les Beys prirent le
parti de remonter jusqu'aux cataractes du Nil. Là ils re-
nouvelèrent leur proposition, mais ce fut inutilement. Bien
convaincus alors qu'il ne restait aucun moyen de conciliation
entr'eux et les Turcs, malgré leur répugnance à combattre
des Musulmans, ils se décidèrent enfin à tenter le sort des
armes, pour remporter par la force ce qu'ils ne pouvaient
obtenir par la raison. Quoique réduits à seize cents combat-
tants, ils fondirent sur l'Égypte, renversèrent tout ce qui
voulut s'opposer à leur passage, et parvinrent en peu de
temps jusque sous les murs de la capitale. Vainqueurs dans
tous les combats que les Turcs osèrent leur livrer, ils res-
tèrent les maîtres de toute la rive gauche du Nil.

Cependant le mécontentement éclata dans l'armée turque ;
sa solde était arriérée de plusieurs mois, et ses réclamations
restaient sans effet. Les Janissaires et les Albanais se révol-
tèrent, chassèrent Mahamed, et nommèrent Taher à sa
place. Ce nouveau Pacha était Albanais ; il ne paya la solde

(5)

arriérée qu'à ses compatriotes. Indignés de cette partialité, les Janissaires rappelèrent Mahamed, après avoir massacré Taher, et attaquèrent les Albanais, qui, trop faibles pour leur résister, se jetèrent entre les bras des Beys, et implorèrent leur secours. Profitant de cette heureuse circonstance, les Beys entrèrent au Caire; mais cette capitale ne resta qu'environ dix mois en leur pouvoir. Trahis à leur tour par les perfides Albanais, ils furent obligés de l'évacuer, et de se retirer encore une fois dans la Haute-Égypte. Les Albanais élurent Mahamed-Alie au grade de Pacha.

Ce fut à cette époque que les Mamelucks songèrent à remplacer les Beys qu'ils avaient perdus depuis l'invasion des Français. Ahmed fut élu successeur de Solyman. Peu de temps après, il s'éleva une contestation entre ce nouveau Bey et Mahammed-Elfy Bey. Celui-ci s'empara de certaines impositions qui appartenaient au premier, et ne voulut jamais s'en dessaisir. Ahmed aurait pu soutenir son droit par les armes, mais c'eût été commencer une guerre civile, qui serait devenue très préjudiciable à la cause commune; il aima mieux se séparer des Beys, et faire seul la guerre aux Turcs, comme il l'avait précédemment faite aux Français. Il leva un corps considérable d'Arabes bedouins, et se rendit redoutable aux Turcs. Les propositions les plus avantageuses lui furent faites par le Pacha du Caire, Mahamed-Alie-Pacha, s'il voulait traiter avec lui; il les rejeta pendant long-temps; mais enfin, désirant mettre un terme à toutes les calamités que cette guerre faisait peser sur le malheureux peuple qu'il avait autrefois gouverné, espérant d'ailleurs

que sa paix particulière amènerait infailliblement une récon-
ciliation générale entre les Turcs et les autres Beys, il ac-
cepta les propositions du Pacha.

Un des principaux articles de ce traité fut qu'Ahmed ob-
serverait la plus parfaite neutralité entre les deux partis.
Fidèle à cette convention, il licencia ses Arabes-Bedouins,
et entra au Caire avec ses Mamelucks. Il y fut reçu au milieu des acclamations des habitants ; tous les honneurs lui
furent prodigués, et le Pacha lui-même l'accueillit avec les
démonstrations de la joie la plus sincère. (C'est le même Maha-
med-Ali, Pacha, qui gouverne encore aujourd'hui l'Égypte.)

Incapable de violer la foi jurée, et trop franc pour soup-
çonner le parjure dans les autres, Ahmed se livrait à la plus
grande sécurité ; mais il ne tarda pas à se repentir de son
imprudente confiance. Quinze jours après son entrée au
Caire, plusieurs centaines de Janissaires enveloppèrent son
palais au milieu de la nuit, ils enfoncèrent les portes, et se
répandirent dans les appartements.

Réveillé par le bruit, Ahmed sauta sur ses armes ; mais
bientôt, convaincu qu'il ne pouvait résister seul à un s.
grand nombre d'ennemis, il ne songea qu'à échapper à cette
troupe d'assassins. Après en avoir tué cinq, en se sauvan
par l'escalier qui conduisait sur la terrasse de son palais, i
parvint, à travers mille dangers, à se réfugier chez son
écuyer, homme sûr et fidèle, que lui-même avait élevé. I
y resta caché près d'un mois ; présumant alors que les re-
cherches seraient ralenties, il se hasarda à sortir du Caire
déguisé, et arriva heureusement à Rosette, où il se retir

chez M. Petrucci (1). Cet honnête et généreux consul , touché de ses malheurs , l'accueillit avec humanité. Trois jours après son arrivée à Rosette , son trésorier vint se joindre à lui avec ce qu'il avait pu sauver , tant en argent

---

(1) M. Petrucci, italien de nation , était négociant à Rosette , lorsque l'armée française y arriva. Sa parfaite connaissance des mœurs et de la langue du pays , et la grande considération dont il jouissait, le firent rechercher et employer par les généraux français , auxquels il rendit des services signalés ; mais après le départ de l'armée française , il fut obligé , pour sa sûreté , de se rapprocher des Anglais, qui le nommèrent consul. Cinq mois auparavant, et pendant le siége de Damanhour, chef-lieu de la province de Béhéré, à vingt-cinq lieues de Rosette , M. Petrucci était venu au camp d'Ahmed-Bey, et lui avait amené une vingtaine de chameaux, chargés d'uniformes de Mamelukes ; Ahmed-Bey lui en avait remboursé le montant, dont cet honnête négociant avait fait l'avance, l'avait reçu avec la distinction due au service qu'il lui rendait et à son caractère, et l'avait, à son retour, fait accompagner jusqu'à Rosette par une forte escorte. Aussi, lorsqu'Ahmed-Bey , après avoir échappé aux assassins du Caire, se réfugia , déguisé, chez M. Petrucci, cet homme généreux lui donna des preuves du plus vif intérêt. Ce fut lui qui lui conseilla de ne prendre que la qualité de Kachif, au lieu de celle de Bey , pour éviter d'être reconnu et échapper à toutes les embûches des Turcs, et même à celles des réfugiés égyptiens en France, reconnus pour être tous jaloux , soit du mérite, soit de la grandeur de leur Souverain. Ahmed suivit ce sage conseil : ce fut sous cette dénomination d'Ahmed-Kachif qu'il se présenta au consul français d'Alexandrie, et ensuite à celui de Smirne, et c'est ainsi qu'il a été désigné dans les passe-ports qui lui ont été délivrés par ces deux consuls. Il a conservé la qualité de Kachif jusqu'à l'heureuse

qu'en vêtements. Ahmed le fit loger à part pour ne pas être connu ; mais le trésorier fut trahi lui-même par ses propres domestiques, qui le dénoncèrent à Ali, Bey de Salonique, alors gouverneur de Rosette. Ce dernier le fit surprendre pendant la nuit, étrangler par ses soldats, et jeter son corps dans le Nil ; il s'empara de tout l'argent et effets d'Ahmed qui se trouvaient chez lui, montant à 35,000 piastres d'Espagne, sans compter différents autres objets appartenant à son maître. M. Petrucci ayant su que son hôte n'était pas en sûreté à Rosette, il parvint à le faire passer à Alexandrie. Ahmed y trouva chez le consul français la même générosité, les mêmes secours que chez M. Petrucci. Cependant, avec assez de peine, ce consul lui donna des passe-ports, le fit embarquer pour Smirne, et le recommanda au consul français de cette ville, qui le fit recevoir comme passager, sur un navire grec frêté par des marchands algériens et destiné pour Marseille.

Arrivé sur les côtes de Provence, en 1806, et pendant qu'il faisait quarantaine à Marseille, Ahmed-Bey écrivit au chef du gouvernement français, pour lui demander asyle et secours. La nouvelle de son arrivée s'étant répandue, quelques Égyptiens réfugiés en France, redoutant sa franchise et les lumières qu'il pourrait donner sur leur compte, intriguèrent pour l'empêcher d'obtenir l'objet de sa demande ; ils ne réussirent qu'à lui faire envoyer l'ordre de se rendre

---

époque qui nous a rendu notre bien-aimé Louis-le-Désiré. Aujourd'hui il reprend son ancien titre, que le seul motif de la conservation de sa vie lui avait fait quitter.

à Paris. Le Ministre de la police, M. le duc d'Otrante, lui fit subir une espèce d'interrogatoire; mais, très satisfait de ses réponses, il se déclara son protecteur, et le fit présenter à Napoléon, alors empereur.

Napoléon, qui en Égypte avait vu Ahmed-Bey à la tête de ses troupes, qui plusieurs fois avait été témoin de sa bravoure, et qui avait conçu quelque estime pour lui, le reçut avec bienveillance, et lui proposa de prendre du service dans le corps de sa garde qu'il avait décoré du nom de Mamelucks. Ahmed, qui ne reconnaissait dans ce corps aucun de ses anciens frères d'armes, remercia Napoléon. Sur ce refus, l'Empereur ordonna au Maréchal Duroc de lui faire un rapport sur le Prince étranger. C'est d'après ce rapport, dont les renseignements avaient été puisés chez des Égyptiens jaloux de leur ancien Maître, que l'on assigna à cet infortuné une pension de dix francs par jour, tandis que beaucoup d'entre eux avaient plus de trois fois cette somme (1).

Ahmed vécut isolé à Paris; il partageait son temps entre l'étude de la langue française et celle des mœurs et des usages du peuple aimable et généreux qui lui donnait l'hospitalité. Il rendait des visites assez fréquentes au Ministre de la police, qui le protégeait, et toujours il en était reçu avec bonté et amitié. Lorsque ce Ministre fut nommé gouverneur de Rome, Ahmed, qui avait vu la ville sainte des Hébreux et celle des Musulmans, conçut le désir le plus violent de visiter aussi celle des chrétiens; cette ville célèbre, au-

---

(1) Voyez la Liste générale des réfugiés Égyptiens.

trefois la capitale du monde. Il demanda au duc d'Otrante la permission de l'accompagner ; il l'obtint facilement, et partit avec lui, après avoir toutefois obtenu l'autorisation du Grand-Maréchal du palais, qui, chargé de lui payer sa pension, lui promit de lui en faire toucher les arrérages exactement.

Il n'eut pas le plaisir de parvenir au terme de son voyage. Arrivé à Florence, le duc d'Otrante y reçut l'ordre de revenir en France, et de se retirer dans sa sénatorerie, à Aix en Provence. Ahmed ne voulut point l'abandonner dans sa disgrâce, il le suivit dans son exil. Cette conduite indisposa contre lui, et l'on fit suspendre le paiement de sa pension. Trop fier pour devoir sa subsistance à d'autres qu'à un souverain, Ahmed-Bey refusa l'offre que lui fit le duc d'O-trante de pourvoir à tous ses besoins, s'il voulait rester auprès de lui. Il vint à Paris réclamer contre cette suspension ; il sollicita long-temps, et dix mois s'écoulèrent sans qu'il reçût aucun secours. Son attachement à son protecteur, la juste reconnaissance qu'il lui avait vouée avaient paru suspects ; on lui en fit un crime, on réduisit sa pension à cinq francs par jour, sans lui tenir compte de l'année échue, et on lui donna l'ordre de partir pour Marseille ; on poussa même l'injustice jusqu'à décerner un ordre de surveillance contre lui.

Ahmed-Bey a végété à Marseille, pouvant à peine se procurer le nécessaire, jusqu'au moment où les alliés sont entrés en France. Il n'a vu alors que le danger de sa patrie adoptive ; il est revenu à Paris pour la défendre ; il a demandé du service au général Derriot. Comme sa réponse tardait trop au gré de son impatience, sans s'arrêter au choix, le moment étant pressant, et ne consultant que son zèle, il s'enrôla dans un corps franc comme simple cavalier : il fut presque aussitôt promu au grade de capitaine, quitta Paris le 3 mars, chargea seul le 7 , près de Maisoncelle, un parti de vingt-sept Cosaques , en tua quatorze , en blessa sept, et poursuivit les autres jusque dans Maisoncelle , où il surprit leur commandant dînant chez le maire , et le somma de se rendre prisonnier. Ce fait d'armes est attesté dans son brevet de licenciement. Entouré par plusieurs centaines de Cosaques, il fut lui-même fait prisonnier et envoyé à Sézanne , auprès du général en chef des Cosaques; mais ce Général ayant appris de lui-même, après un interrogatoire qu'il lui fit subir, qu'il était né Géorgien, il fut indigné contre lui, l'accabla de mauvais traitements, et donna l'ordre de le faire fusiller sur-le-champ. Il n'a dû son salut qu'à sa qualité de Prince, constatée par divers certificats qu'il avait eu la précaution de porter sur lui , et qui heureusement ne lui avaient pas été dérobés dans les diverses actions qu'il a eues à soutenir.

Il fut envoyé, au bout de quatre jours, auprès du Prince de Schwartzemberg, à Troyes, qui l'a fait conduire nu-pieds à Prague en Bohême, ensuite à Pest en Hongrie, où il serait mort de toutes les misères humaines , sans le secours de divers amis, négociants Européens, qui l'avaient connu en Égypte, avant l'invasion des Français. Enfin, depuis environ trois mois , il est revenu de Pest à Paris.

Rendu à la liberté par l'heureuse paix que les puissances

alliées ont donnée à l'Europe, Ahmed-Bey-Solyman s'est empressé de revenir en France, en passant par l'Italie ; il y est arrivé le 23 août dernier, et a persisté dans la résolution qu'il avait déjà prise de fixer son séjour en France ; dans cette terre hospitalière, qui dans tous les temps fut l'asyle des princes malheureux, jusqu'à ce que quelque circonstance favorable dans les événements de la guerre, toujours existante entre les Beys et les Turcs, lui permît de rentrer en Égypte. Ce flatteur espoir peut seul lui faire supporter son exil et l'indigne repos auquel il se voit condamné. Ses frères connaissent ses talents dans l'art de la guerre, ils estiment sa bravoure ; leurs bras lui seront ouverts aussitôt qu'il lui sera possible de se réunir à ces intrépides guerriers. Il ose, en attendant ce fortuné moment, se flatter que le Souverain magnanime, dans les états duquel il a cherché un abri contre sa mauvaise fortune, ne lui refusera pas son auguste protection. Louis-le-Désiré a connu le malheur, avant qu'une juste Providence le rendît aux vœux de tous ses sujets, et il ne souffrira point qu'un prince infortuné, victime de la plus détestable perfidie, languisse dans le besoin au milieu de sa cour, et il lui accordera de généreux et d'honorables secours, conformes au rang élevé qu'il occupait dans son pays. Si quelque jour le sort, las de le poursuivre, lui rouvre le chemin de sa patrie, le rétablit dans sa dignité, Ahmed-Bey-Solyman y portera sa reconnaissance, et publiera dans ces régions lointaines les bienfaits de l'un des plus grands Monarques de l'Europe, bénira sa mémoire, et jusqu'au dernier instant de sa vie fera des vœux ardents pour son bonheur et pour celui de sa royale Famille.

PIÈCES JUSTIFICATIVES.

Je soussigné, ancien Consul-général en Égypte, et dernièrement Commissaire-général de France dans les îles Ioniennes.

Certifie à tous qu'il appartiendra que Ahmed, Bey de Soliman, qui se trouve maintenant en France, était, à l'époque où j'étais chargé des intérêts français en Égypte, Bey, Commandant pour les Mamelucks la Basse-Égypte; que je l'ai connu personnellement, pour avoir été dans sa tente, en son camp, aux environs de Rosette, à l'époque de ma fuite du Caire, où j'étais poursuivi par Osman-Bey-Bardissy.

Je certifie en outre, que ce Bey, l'un des plus braves et des meilleurs guerriers qu'ait produit la troupe des héros Mamelucks, jouissait de la plus haute réputation et de la première influence parmi ses frères d'armes, ses soldats et la population du pays. Mon témoignage est, à cet égard, d'autant moins suspect, que, chargé d'exécuter les ordres sanguinaires d'Osman-Bey-Bardissy, j'ai dû au bonheur seul de ne pas être reconnu par lui, d'échapper au sort qui m'était réservé, puisqu'il était imbu de la fausse idée que je cherchais à nuire aux Mamelucks, tandis que mes efforts constants ont tendu à faire disparaître l'inimitié qui existait entre eux et les Osmanlis.

J'ai dû accorder ce témoignage à la vérité, et je désire vivement que ce témoignage, seul secours que je puisse accorder à l'estimable prince Mameluck, puisse servir à lui obtenir la bienveillance du magnanime Souverain dans les états duquel il est venu chercher un asyle.

Paris, le 8 décembre 1814.

Signé M. LESSEPS.

L'original est écrit en italien.

NOUS, soussignés, marchands Albanais, certifions avoir connu en Egypte le très illustre Prince d'Egypte, Ahmed, Bey de Soliman en l'an 1805, et qu'il a été à notre connaissance qu'il a fait la guerre, contre le Pacha du Grand - Caire, pour son propre compte, et pour la domination de son Souverain légitime; et qu'après avoir fait la paix avec ledit Pacha, il en fut trahi de manière que ledit Bey de Soliman fut forcé de fuir d'Egypte et de se porter en Europe.

En foi de quoi, nous avons délivré le présent, pour lui valoir ce que de droit, et où bon lui semblera.

Fait à Venise, le 29 juin 1814.

Signé à l'original : AMET CORCINTA, DERVICH CRAJA, SCHIAFFER DIBRA, ASSAN GOLEMI, MUSTAPHA OSSEAS, ADURAMAN ZUBBI.

Venise, ce 8 juillet 1814.

NOUS, soussignés, négociants patentés de cette ville, certifions avec serment, que le nombre des signatures ci-dessus , écrites en langue turque , ont été faites , *manu propriá* , par les sieurs Amet Corcinta , Dervich Craja , Schiaffer Dibra , Assan Golemi , Mustapha Osseas , Aduraman Zubbi , que nous déclarons bien connaître ; lesdites signatures ayant été faites en notre présence. En foi de quoi nous sommes signés.

Signé à l'original : Antoine CAPOUILLA et Antoine POZETTO.

Pour Copie conforme à la traduction.

L. G. MICHAUD, Imprimeur du Roi, rue des Bons-Enfants, N°. 34.

9 782329 090757